Muffins
sucrés & salés

**Véronique Cauvin
assistée de Zoé Cauvin**

Photographies Édouard Sicot

Stylisme Natacha Arnoult

Si vous souhaitez recevoir notre catalogue et être tenu au courant de nos publications, envoyez-nous vos nom et adresse, en citant ce livre et en précisant les domaines qui vous intéressent.

Éditions SOLAR
12, avenue d'Italie
75013 Paris

Internet : www.solar.fr

Direction éditoriale : Corinne Cesano
Édition : Delphine Depras
Responsable artistique : Vu Thi
Graphisme et suivi artistiques : Julia Philipps
Mise en page : AP3/Chromostyle
Photogravure : AP3/Chromostyle
Fabrication : Laurence Ledru

© 2011, Éditions Solar, un département de place des éditeurs

Tous droits de traduction, d'adaptation et de reproduction par tous procédés, réservés pour tous pays.
ISBN : 978-2-263-05364-1
Code éditeur : S05364
Dépôt légal : avril 2011
Imprimé en France par Pollina - L56961

Sommaire

Introduction 5

Pour tous les jours 6

Pour les jours de fête 26

Les originaux 42

Les petits + gourmands 62

Introduction

Individuel, rond, légèrement gonflé, moelleux et savoureux, le muffin est un petit gâteau venu tout droit des États-Unis. Dans sa recette originelle et traditionnelle, il connaît deux variantes : myrtilles ou pépites de chocolat. Mais toutes les déclinaisons sont désormais possibles, même dans des versions salées !

Très facile et très rapide à préparer, il varie à l'infini selon les saisons, l'imagination et les goûts de chacun. Le muffin se présente dans de petites caissettes volontiers colorées et il se déguste aussi bien chaud que froid.

Il fera la joie des enfants pour un goûter et se parera de crème et de fruits à l'occasion d'une fête. En version mini ou maxi et salée, le muffin s'invite aussi à l'apéritif.

Les plus petits seront fiers de mélanger la pâte avec maman ou papa tout en se léchant les doigts avec gourmandise, tandis que les plus grands en feront de grandes fournées pour se régaler avec leurs copains et copines.

Après avoir conquis l'Amérique, ce petit gâteau investit votre cuisine pour le plaisir de toute la famille et celui de vos convives.

Retrouvez cette alléchante déclinaison de muffins, choisissez celui qui vous ressemble le plus et régalez-vous !

Muffins au jambon d'Auvergne, cœur coulant de saint-nectaire

Pour 6 muffins
Préparation : 15 minutes
Cuisson : 20 minutes

150 g de jambon d'Auvergne (ou équivalent)
100 g de saint-nectaire
1 œuf
60 g de beurre + un peu pour le moule (facultatif)
½ pot de yaourt nature
100 g de farine
½ sachet de levure chimique
Sel et poivre

Une recette aux saveurs de l'Auvergne : des produits simples et authentiques, un fromage coulant au cœur du muffin.

- Préchauffez le four à 180 °C (th. 6).

- Faites fondre le beurre dans une petite casserole, puis réservez.

- Beurrez très légèrement le moule à muffins pour faciliter le démoulage ou garnissez chaque alvéole d'une caissette en papier.

- Hachez le jambon. Retirez la croûte du saint-nectaire et taillez le fromage en 6 dés de 15 g environ. Réservez.

- Dans un saladier ou dans le bol d'un robot, mélangez l'œuf, la farine et la levure chimique. Versez le yaourt et le beurre fondu pour assouplir la pâte. Ajoutez le jambon haché, salez et poivrez, puis mélangez afin d'obtenir une pâte lisse et homogène.

- À l'aide d'une cuillère, remplissez les moules au tiers. Déposez un dé de saint-nectaire au centre de chacun, puis recouvrez de pâte jusqu'aux deux tiers du moule.

- Enfournez pour 20 minutes, jusqu'à ce que les muffins soient bien gonflés, dorés à l'extérieur et cuits à l'intérieur. Vérifiez la cuisson avec la pointe d'un couteau : elle doit ressortir sèche.

- Sortez les muffins du four et dégustez-les bien chauds.

Ces muffins peuvent être dégustés à l'apéritif ou en entrée, accompagnés d'une salade verte.

Muffins à la crème et aux herbes

Pour 6 muffins
Préparation : 10 minutes
Cuisson : 20 minutes

150 g de cheddar
1 bouquet de ciboulette
1 œuf
60 g de beurre + un peu pour le moule (facultatif)
20 cl de crème liquide
½ pot de yaourt nature
100 g de farine
½ sachet de levure chimique
Sel et poivre

Un muffin moelleux, accompagné d'une chantilly salée délicatement parfumée à la ciboulette.

- Préchauffez le four à 180 °C (th. 6).
- Faites fondre le beurre dans une petite casserole, puis réservez.
- Beurrez très légèrement le moule à muffins pour faciliter le démoulage ou garnissez chaque alvéole d'une caissette en papier.
- Râpez le cheddar et ciselez la ciboulette, puis réservez.
- Dans un saladier ou dans le bol d'un robot, mélangez l'œuf, la farine et la levure chimique. Versez le yaourt et le beurre fondu pour assouplir la pâte. Ajoutez le cheddar râpé, salez et poivrez, puis mélangez afin d'obtenir une pâte lisse et homogène.
- À l'aide d'une cuillère, remplissez les moules aux deux tiers, puis enfournez pour 20 minutes, jusqu'à ce que les muffins soient bien gonflés, dorés à l'extérieur et cuits à l'intérieur. Vérifiez la cuisson avec la pointe d'un couteau : elle doit ressortir sèche.
- Sortez les muffins du four. Montez la crème liquide en chantilly, incorporez la ciboulette ciselée, salez et poivrez, puis servez en accompagnement des muffins.

Ces muffins peuvent être dégustés à l'apéritif ou en entrée, accompagnés d'une salade verte.

Muffins à la tomme de Savoie et aux noisettes

Pour 6 muffins
Préparation : 10 minutes
Cuisson : 20 minutes

200 g de tomme de Savoie
4 jaunes d'œufs
Beurre pour le moule (facultatif)
20 cl de crème liquide
100 g de noisettes hachées
6 noisettes pour le décor
2 cuill. à soupe de Maïzena®
Sel et poivre

Doyenne des fromages de Savoie, la tomme se marie à merveille avec les noisettes.

- Préchauffez le four à 180 °C (th. 6).
- Beurrez très légèrement le moule à muffins pour faciliter le démoulage ou garnissez chaque alvéole d'une caissette en papier.
- Retirez la croûte de la tomme et découpez le fromage en dés de taille moyenne.
- Dans un saladier, mélangez les jaunes d'œufs, la crème liquide et la Maïzena®. Salez et poivrez, puis ajoutez les noisettes et le fromage.
- À l'aide d'une cuillère, remplissez les moules aux deux tiers, puis décorez d'une noisette.
- Enfournez pour 20 minutes, jusqu'à ce que les muffins soient bien gonflés, dorés à l'extérieur et cuits à l'intérieur. Vérifiez la cuisson avec la pointe d'un couteau : elle doit ressortir sèche.
- Sortez les muffins du four et dégustez-les sans attendre.

Ces muffins peuvent être dégustés à l'apéritif ou en entrée, accompagnés d'une salade verte.

Muffins aux pépites de chocolat

Pour 6 muffins
Préparation : 10 minutes
Cuisson : 20 minutes

1 œuf

60 g de beurre + un peu pour le moule (facultatif)

½ pot de yaourt nature

130 g de pépites de chocolat (noir, au lait ou blanc)

100 g de farine

½ sachet de levure chimique

75 g de sucre en poudre

Des muffins classiques et indémodables dont on ne se lasse pas. Les enfants pourront vous aider à les préparer et surtout... à les déguster !

- Préchauffez le four à 180 °C (th. 6).

- Faites fondre le beurre dans une petite casserole, puis réservez.

- Beurrez très légèrement le moule à muffins pour faciliter le démoulage ou garnissez chaque alvéole d'une caissette en papier.

- Dans un saladier ou dans le bol d'un robot, battez le sucre avec l'œuf, jusqu'à l'obtention d'une texture légère et mousseuse. Incorporez la farine et la levure chimique, puis versez le yaourt et le beurre fondu pour assouplir la pâte. Mélangez afin d'obtenir une pâte lisse et homogène, puis ajoutez les pépites de chocolat.

- À l'aide d'une cuillère, remplissez les moules aux deux tiers.

- Enfournez pour 20 minutes, jusqu'à ce que les muffins soient bien gonflés, dorés à l'extérieur et cuits à l'intérieur. Vérifiez la cuisson avec la pointe d'un couteau : elle doit ressortir sèche.

- Sortez les muffins du four et dégustez-les tièdes : c'est encore meilleur lorsque le chocolat est chaud et fondant.

Vous pouvez remplacer les pépites par du chocolat haché grossièrement au couteau ou à l'aide d'un robot.

Muffins aux myrtilles

Pour 6 muffins
Préparation : 10 minutes
Cuisson : 20 minutes

180 g de myrtilles fraîches
1 œuf
60 g de beurre + un peu pour le moule (facultatif)
½ pot de yaourt nature
100 g de farine
½ sachet de levure chimique
75 g de sucre en poudre

Devinette : je suis ronde et bleue, je mesure environ 16 mm de diamètre. Ma chair est blanche, au goût agréablement acidulé, et je ne tâche pas ! Qui suis-je ? La myrtille !

- Préchauffez le four à 180 °C (th. 6).
- Faites fondre le beurre dans une petite casserole, puis réservez.
- Beurrez très légèrement le moule à muffins pour faciliter le démoulage ou garnissez chaque alvéole d'une caissette en papier.
- Conservez 6 myrtilles pour la décoration.
- Dans un saladier ou dans le bol d'un robot, battez le sucre avec l'œuf, jusqu'à l'obtention d'une texture légère et mousseuse. Incorporez la farine et la levure chimique, puis versez le yaourt et le beurre fondu pour assouplir la pâte. Mélangez afin d'obtenir une pâte lisse et homogène, puis ajoutez délicatement les myrtilles.
- À l'aide d'une cuillère, remplissez les moules aux deux tiers, puis décorez d'une myrtille.
- Enfournez pour 20 minutes, jusqu'à ce que les muffins soient bien gonflés, dorés à l'extérieur et cuits à l'intérieur. Vérifiez la cuisson avec la pointe d'un couteau : elle doit ressortir sèche.
- Sortez les muffins du four et dégustez-les chauds, tièdes ou froids.

Pour cette recette, vous pouvez utiliser des myrtilles surgelées. Vous prendrez alors bien soin de les décongeler et de les égoutter au préalable.

Mûres, cassis, framboises et groseilles peuvent parfaitement remplacer les myrtilles.

Muffins au chocolat blanc et aux framboises

Pour 6 muffins
Préparation : 10 minutes
Cuisson : 20 minutes

250 g de framboises fraîches de préférence ou surgelées

1 œuf

60 g de beurre + un peu pour le moule (facultatif)

½ pot de yaourt nature

100 g de pastilles de chocolat blanc (vendu en chocolaterie)

100 g de farine

½ sachet de levure chimique

75 g de sucre en poudre

La douceur et le sucre du chocolat blanc associés à l'acidité de la framboise. Un régal pour le goûter !

- Préchauffez le four à 180 °C (th. 6).

- Faites fondre le beurre dans une petite casserole, puis réservez.

- Beurrez très légèrement le moule à muffins pour faciliter le démoulage ou garnissez chaque alvéole d'une caissette en papier.

- Dans un saladier ou dans le bol d'un robot, battez le sucre avec l'œuf, jusqu'à l'obtention d'une texture légère et mousseuse. Incorporez la farine et la levure chimique, puis versez le yaourt et le beurre fondu pour assouplir la pâte. Mélangez afin d'obtenir une pâte lisse et homogène, puis ajoutez les pastilles de chocolat blanc.

- À l'aide d'une cuillère, remplissez les moules au tiers, déposez une rangée de 6 framboises (selon leur grosseur), puis recouvrez de pâte aux deux tiers et décorez d'une framboise.

- Enfournez pour 20 minutes, jusqu'à ce que les muffins soient bien gonflés, dorés à l'extérieur et cuits à l'intérieur. Vérifiez la cuisson avec la pointe d'un couteau : elle doit ressortir sèche.

- Sortez les muffins du four, laissez-les refroidir sur une grille, puis dégustez-les tièdes ou froids.

Le démoulage étant rendu délicat par la texture des framboises, servez ces muffins dans leurs caissettes. Vous pouvez également choisir de mélanger les framboises directement à la pâte.

Muffins aux pralines roses

Pour 6 muffins
Préparation : 10 minutes
Cuisson : 20 minutes

1 œuf
60 g de beurre + un peu pour le moule (facultatif)
½ pot de yaourt nature
140 g de brisures de pralines roses
100 g de farine
½ sachet de levure chimique
75 g de sucre en poudre

D'un joli rose vif, les pralines roses sont une spécialité lyonnaise. Elles sont les grandes habituées de la tarte aux pralines et du gâteau de Saint-Genix. Et pourquoi pas du muffin ?

- Préchauffez le four à 180 °C (th. 6).
- Faites fondre le beurre dans une petite casserole, puis réservez.
- Beurrez très légèrement le moule à muffins pour faciliter le démoulage ou garnissez chaque alvéole d'une caissette en papier.
- Dans un saladier ou dans le bol d'un robot, battez le sucre avec l'œuf, jusqu'à l'obtention d'une texture légère et mousseuse. Incorporez la farine et la levure chimique, puis versez le yaourt et le beurre fondu pour assouplir la pâte. Mélangez afin d'obtenir une pâte lisse et homogène, puis ajoutez 120 g de brisures de pralines roses.
- À l'aide d'une cuillère, remplissez les moules aux deux tiers, puis saupoudrez du reste de brisures de pralines.
- Enfournez pour 20 minutes, jusqu'à ce que les muffins soient bien gonflés, dorés à l'extérieur et cuits à l'intérieur. Vérifiez la cuisson avec la pointe d'un couteau : elle doit ressortir sèche.
- Sortez-les muffins du four, laissez-les refroidir sur une grille, puis dégustez-les tièdes ou froids.

Muffins au sirop d'érable et aux noix de pécan

Pour 6 muffins
Préparation : 10 minutes
Cuisson : 20 minutes

Version française
- 1 œuf
- 60 g de beurre + un peu pour le moule (facultatif)
- ½ pot de yaourt nature
- 120 g de noix de pécan
- 100 g de sirop d'érable
- 100 g de farine
- ½ sachet de levure chimique
- 75 g de sucre blond en poudre

Version québécoise
- 1 œuf
- 60 g de beurre + un peu pour le moule (facultatif)
- ½ pot de yaourt nature
- 120 g de pacanes
- 100 g de sirop d'érable
- 1 cup de farine blanche
- ½ sachet de poudre à lever
- ¾ de cup de cassonade

À la mode québécoise, le muffin se marie avec le sirop d'érable et la noix de pécan. Un peu riche en calories, mais idéal pour les après-midi d'hiver devant un bon feu de cheminée.

- Préchauffez le four à 180 °C (th. 6).

- Faites fondre le beurre dans une petite casserole, puis réservez.

- Beurrez très légèrement le moule à muffins pour faciliter le démoulage ou garnissez chaque alvéole d'une caissette en papier.

- Mettez de côté 6 noix de pécan pour la décoration. Hachez le reste grossièrement au couteau ou dans le bol d'un robot. Réservez.

- Dans un saladier ou dans le bol d'un robot, blanchissez le sucre avec l'œuf, jusqu'à l'obtention d'une texture légère et mousseuse. Incorporez la farine et la levure chimique, puis versez le yaourt, le beurre fondu et les noix de pécan. Mélangez afin d'obtenir une pâte lisse et homogène, puis versez le sirop d'érable de façon à marbrer la pâte. Remuez à peine : le sirop doit rester apparent.

- À l'aide d'une cuillère, remplissez les moules aux deux tiers et décorez d'une noix de pécan.

- Enfournez pour 20 minutes, jusqu'à ce que les muffins soient bien gonflés, dorés à l'extérieur et cuits à l'intérieur. Vérifiez la cuisson avec la pointe d'un couteau : elle doit ressortir sèche.

- Sortez les muffins du four, laissez-les refroidir sur une grille, puis dégustez-les tièdes ou froids.

Muffins pralinés au Nutella®

Une recette pour les inconditionnels de la célèbre pâte à tartiner ! Petits ou grands, il n'y a pas d'âge pour déguster ces délicieux muffins.

Pour 6 muffins
Préparation : 10 minutes
Cuisson : 20 minutes

- 1 œuf
- 60 g de beurre + un peu pour le moule (facultatif)
- ½ pot de yaourt nature
- 120 g de chocolat pralinoise
- 50 g de Nutella®
- 6 noisettes pour le décor
- 100 g de farine
- ½ sachet de levure chimique
- 75 g de sucre en poudre

- Préchauffez le four à 180 °C (th. 6).

- Dans une casserole, faites fondre à feu doux le beurre et le chocolat pralinoise coupé en morceaux, puis réservez.

- Beurrez très légèrement le moule à muffins pour faciliter le démoulage ou garnissez chaque alvéole d'une caissette en papier.

- Dans un saladier ou dans le bol d'un robot, battez le sucre avec l'œuf, jusqu'à l'obtention d'une texture légère et mousseuse. Incorporez la farine et la levure chimique, puis versez le yaourt et le beurre fondu pour assouplir la pâte. Mélangez afin d'obtenir une pâte lisse et homogène.

- À l'aide d'une cuillère, remplissez les moules aux deux tiers.

- Enfournez pour 20 minutes, jusqu'à ce que les muffins soient bien gonflés, dorés à l'extérieur et cuits à l'intérieur. Vérifiez la cuisson avec la pointe d'un couteau : elle doit ressortir sèche.

- Sortez-les muffins du four et laissez-les refroidir sur une grille.

- À l'aide d'une poche à douille munie d'un embout cannelé, décorez les muffins d'un petit dôme de Nutella®, déposez une noisette, puis dégustez sans attendre.

Muffins marbrés chocolat-vanille

Pour 6 muffins
Préparation : 10 minutes
Cuisson : 25 minutes

1 œuf
80 g de beurre + un peu pour le moule (facultatif)
½ pot de yaourt nature
150 g de chocolat noir
1 gousse de vanille
100 g de farine
½ sachet de levure chimique
75 g de sucre en poudre

Pour ceux qui hésitent entre vanille et chocolat, choisissez... les deux !

- Préchauffez le four à 180 °C (th. 6).
- Faites fondre 60 g de beurre dans une petite casserole, puis réservez.
- Beurrez très légèrement le moule à muffins pour faciliter le démoulage ou garnissez chaque alvéole d'une caissette en papier.
- Fendez la gousse de vanille en deux dans la longueur et grattez les graines avec la pointe d'un couteau.
- Dans un saladier ou dans le bol d'un robot, battez le sucre avec l'œuf et les graines de vanille, jusqu'à l'obtention d'une texture légère et mousseuse. Incorporez la farine et la levure chimique, puis versez le yaourt et le beurre fondu pour assouplir la pâte. Mélangez afin d'obtenir une pâte lisse et homogène.
- Cassez le chocolat en morceaux et faites-le fondre à feu très doux avec le reste de beurre.
- À l'aide d'une cuillère, remplissez les moules aux deux tiers en alternant 2 ou 3 couches de pâte à muffins et de chocolat fondu.
- Enfournez pour 20 minutes, jusqu'à ce que les muffins soient bien gonflés, dorés à l'extérieur et cuits à l'intérieur. Vérifiez la cuisson avec la pointe d'un couteau : elle doit ressortir sèche.
- Sortez les muffins du four et dégustez-les tièdes : c'est encore meilleur lorsque le chocolat est chaud et fondant.

Muffins au foie gras

Pour 6 muffins
Préparation : 10 minutes
Cuisson : 20 minutes

150 g de foie gras (bloc, entier, reconstitué, en conserve…)
2 œufs
100 g de beurre + un peu pour le moule (facultatif)
1 ½ pot de yaourt nature
260 g de farine
100 g de pain d'épice
1 sachet de levure chimique
Sel et poivre

Vendu en tranches sous vide, le foie gras est disponible toute l'année dans les supermarchés à des prix très abordables. Régalez-vous avec ce muffin festif !

- Préchauffez le four à 180 °C (th. 6).

- Faites fondre le beurre dans une petite casserole, puis réservez.

- Beurrez très légèrement le moule à muffins pour faciliter le démoulage ou garnissez chaque alvéole d'une caissette en papier.

- Coupez le foie gras en dés et réduisez le pain d'épice en poudre dans le bol d'un robot. Réservez.

- Dans un saladier ou dans le bol d'un robot, mélangez la farine, la levure chimique et la poudre de pain d'épice. Dans un autre saladier, mélangez les œufs battus avec le yaourt et le beurre fondu pour obtenir une pâte lisse et homogène, puis incorporez les dés de foie gras. Salez, poivrez et mélangez.

- À l'aide d'une cuillère, remplissez les moules aux deux tiers (environ 90 g de pâte par moule pour avoir de gros muffins).

- Enfournez pour 20 minutes, jusqu'à ce que les muffins soient bien gonflés, dorés à l'extérieur et cuits à l'intérieur. Vérifiez la cuisson avec la pointe d'un couteau : elle doit ressortir sèche.

- Sortez les muffins du four, puis dégustez-les chauds ou tièdes.

Parfaits à l'apéritif, ces muffins peuvent être réalisés en version mini.

Muffins aux œufs de poissons

Pour 12 muffins
Préparation : 10 minutes
Cuisson : 20 minutes

70 g d'œufs de saumon ou de truite + 10 g pour le décor

60 g d'œufs de lump noirs + 10 g pour le décor

60 g d'œufs de lump rouges + 10 g pour le décor

2 œufs

120 g de beurre + un peu pour le moule (facultatif)

100 g de crème fraîche épaisse pour le décor

1 pot de yaourt nature

200 g de farine

1 sachet de levure chimique

Sel et poivre

Cette recette est composée de trois sortes d'œufs de poissons, mais vous pouvez n'en choisir qu'une seule variété. Avec une touche de crème fraîche et un filet de citron, ce muffin sort des sentiers battus !

- Préchauffez le four à 180 °C (th. 6).

- Faites fondre le beurre dans une petite casserole, puis réservez.

- Beurrez très légèrement le moule à muffins pour faciliter le démoulage ou garnissez chaque alvéole d'une caissette en papier.

- Dans un saladier ou dans le bol d'un robot, mélangez les œufs entiers, la farine et la levure chimique. Versez le yaourt et le beurre fondu pour assouplir la pâte. Salez et poivrez, puis mélangez afin d'obtenir une pâte lisse et homogène.

- Répartissez la pâte dans trois saladiers différents. Ajoutez dans le premier les œufs de saumon, dans le deuxième, les œufs de lump noirs et dans le dernier, les œufs de lump rouges. Mélangez bien.

- À l'aide d'une cuillère, remplissez les moules aux deux tiers.

- Enfournez pour 20 minutes, jusqu'à ce que les muffins soient bien gonflés, dorés à l'extérieur et cuits à l'intérieur. Vérifiez la cuisson avec la pointe d'un couteau : elle doit ressortir sèche.

- Sortez les muffins du four, décorez d'une petite noisette de crème fraîche et de quelques œufs de poissons, puis dégustez sans attendre.

Parfaits à l'apéritif, ces muffins peuvent être préparés aussi bien en version mini que maxi.

Vous pouvez également remplacer les œufs de poissons par des petits morceaux de saumon fumé.

Mini-muffins chic aux cèpes parfumés à la truffe

Pour 12 mini-muffins
Préparation : 10 minutes
Cuisson : 25 minutes

200 g de cèpes
1 échalote
1 œuf
50 g de beurre
½ pot de yaourt nature
100 g de farine
½ sachet de levure chimique
1 cuill. à soupe d'huile de truffe
Sel et poivre

Parfaits pour l'apéritif, ces mini-muffins séduiront vos convives. Un régal pour les papilles !

- Préchauffez le four à 180 °C (th. 6).
- Faites fondre 30 g de beurre dans une petite casserole, puis réservez.
- Préparez 12 mini-caissettes en papier.
- Passez les cèpes sous un filet d'eau froide et brossez la terre. Essuyez-les délicatement, puis coupez-les en dés.
- Épluchez et hachez l'échalote. Dans une sauteuse, faites fondre 10 g de beurre, ajoutez les cèpes et faites-les sauter rapidement. Ôtez l'excédent d'eau, puis ajoutez l'échalote et 10 g de beurre. À feu vif, faites revenir les cèpes pendant 2 minutes, salez et poivrez, puis réservez.
- Dans un saladier ou dans le bol d'un robot, mélangez l'œuf, la farine et la levure chimique. Versez le yaourt et le beurre fondu pour assouplir la pâte. Ajoutez les cèpes et l'huile de truffe, salez et poivrez, puis mélangez afin d'obtenir une pâte lisse et homogène.
- À l'aide d'une cuillère, remplissez les moules aux deux tiers.
- Enfournez pour 20 minutes, jusqu'à ce que les muffins soient bien gonflés, dorés à l'extérieur et cuits à l'intérieur. Vérifiez la cuisson avec la pointe d'un couteau : elle doit ressortir sèche.
- Sortez les muffins du four, puis dégustez-les chauds ou tièdes.

Vous trouverez de l'huile de truffe en épicerie fine. Quelques gouttes vous permettront de parfumer vos plats.

Les cèpes peuvent être remplacés par d'autres champignons en fonction de la saison et de vos envies.

Muffins au rhum et chantilly en verrine

Pour 6 muffins
Préparation : 10 minutes
Cuisson : 20 minutes
Réfrigération : 2 heures

200 g d'ananas
1 œuf
60 g de beurre + un peu pour le moule (facultatif)
½ pot de yaourt nature
100 g de farine
½ sachet de levure chimique
75 g de sucre en poudre
1 gousse de vanille

Pour le sirop
15 cl de rhum brun
30 g de sucre roux en poudre

Pour la crème
30 cl de crème liquide
1 cuill. à soupe de sucre glace

Muffin, baba ou verrine ? Les trois à la fois, quel délice !

- Préchauffez le four à 180 °C (th. 6).

- Faites fondre le beurre dans une petite casserole, puis réservez.

- Beurrez très légèrement le moule à muffins pour faciliter le démoulage ou garnissez chaque alvéole d'une caissette en papier.

- Fendez la gousse de vanille en deux dans la longueur et grattez les graines.

- Dans un saladier, battez le sucre avec l'œuf et les graines de vanille, jusqu'à l'obtention d'une texture mousseuse. Incorporez la farine et la levure chimique, puis versez le yaourt et le beurre fondu pour assouplir la pâte. Mélangez afin d'obtenir une pâte homogène.

- À l'aide d'une cuillère, remplissez les moules aux deux tiers, puis enfournez pour 20 minutes, jusqu'à ce que les muffins soient bien gonflés, dorés à l'extérieur et cuits à l'intérieur. Vérifiez la cuisson avec la pointe d'un couteau : elle doit ressortir sèche.

- Sortez les muffins du four et déposez-les dans des verres dont la taille dépasse légèrement celle des gâteaux. Réservez.

- Préparez le sirop : portez à ébullition 35 cl d'eau, le sucre roux et le rhum. Versez 5 cl de sirop sur les muffins pour les imbiber. Laissez-les refroidir au réfrigérateur et conservez le reste de sirop.

- Coupez l'ananas en tous petits dés et réservez.

- Pendant ce temps, battez la crème en chantilly, puis ajoutez le sucre glace.

- Sortez les verrines, répartissez le reste du sirop, recouvrez d'une petite couche d'ananas et ajoutez la chantilly. Conservez au réfrigérateur pendant 2 heures. Au moment de la dégustation, proposez à chacun d'ajouter un soupçon de rhum selon son envie.

Muffins au thé vert

Pour 6 muffins
Préparation : 10 minutes
Cuisson : 20 minutes

1 œuf
60 g de beurre + un peu pour le moule (facultatif)
½ pot de yaourt nature
10 g de thé vert matcha
100 g de farine
½ sachet de levure chimique
75 g de sucre en poudre

Utilisé pour la cérémonie du thé au Japon, le thé vert est une excellente base pour parfumer et colorer les pâtisseries. D'un joli vert émeraude, il en faut très peu pour apporter de la finesse à vos muffins.

- Préchauffez le four à 180 °C (th. 6).
- Faites fondre le beurre dans une petite casserole, puis réservez.
- Beurrez très légèrement le moule à muffins pour faciliter le démoulage ou garnissez chaque alvéole d'une caissette en papier.
- Dans un saladier ou dans le bol d'un robot, battez le sucre avec l'œuf, jusqu'à l'obtention d'une texture légère et mousseuse. Incorporez la farine et la levure chimique, puis versez le yaourt et le beurre fondu pour assouplir la pâte. Mélangez afin d'obtenir une pâte lisse et homogène, puis ajoutez le thé vert.
- À l'aide d'une cuillère, remplissez les moules aux deux tiers.
- Enfournez pour 20 minutes, jusqu'à ce que les muffins soient bien gonflés, dorés à l'extérieur et cuits à l'intérieur. Vérifiez la cuisson avec la pointe d'un couteau : elle doit ressortir sèche.
- Sortez les muffins du four, laissez-les refroidir sur une grille, puis dégustez-les tièdes ou froids, accompagnés d'un thé vert.

Muffins au mascarpone et aux fruits rouges

Pour 6 muffins
Préparation : 10 minutes
Cuisson : 20 minutes

400 g de fruits frais rouges mélangés (fraises, framboises, groseilles…)
1 œuf
60 g de beurre + un peu pour le moule (facultatif)
½ pot de yaourt nature
100 g de farine
½ sachet de levure chimique
75 g de sucre en poudre

Pour la crème
150 g de mascarpone
50 g de sucre en poudre

Une recette facile à réaliser toute l'année avec des fruits de saison, pour varier les plaisirs et faire le plein de vitamines.

- Préchauffez le four à 180 °C (th. 6).
- Faites fondre le beurre dans une petite casserole, puis réservez.
- Beurrez très légèrement le moule à muffins pour faciliter le démoulage ou garnissez chaque alvéole d'une caissette en papier.
- Dans un saladier ou dans le bol d'un robot, battez le sucre avec l'œuf, jusqu'à l'obtention d'une texture légère et mousseuse. Incorporez la farine et la levure chimique, puis versez le yaourt et le beurre fondu pour assouplir la pâte. Mélangez afin d'obtenir une pâte lisse et homogène.
- À l'aide d'une cuillère, remplissez les moules aux deux tiers.
- Enfournez pour 20 minutes, jusqu'à ce que les muffins soient bien gonflés, dorés à l'extérieur et cuits à l'intérieur. Vérifiez la cuisson avec la pointe d'un couteau : elle doit ressortir sèche.
- Pendant ce temps, préparez la salade de fruits rouges : coupez les fraises en rondelles, ajoutez les framboises et les groseilles.
- Mélangez ensuite le sucre en poudre et le mascarpone pour la crème. Réservez.
- Sortez les muffins du four et laissez-les refroidir sur une grille.
- Dégustez les muffins accompagnés de la crème de mascarpone et des fruits rouges.

Vous pouvez également couper les muffins en deux, recouvrir d'une couche de crème et de quelques fruits, puis décorer d'une petite feuille de menthe.

Muffins au citron, aux pistaches et au lemon curd

Pour 6 muffins
Préparation : 10 minutes
Cuisson : 20 minutes

Le zeste et le jus de 1 citron
1 œuf
60 g de beurre + un peu pour le moule (facultatif)
½ pot de yaourt nature
100 g de pistaches nature à pâtisserie (vendues en épicerie fine)
90 g de lemon curd (voir p. 63)
100 g de farine
½ sachet de levure chimique
75 g de sucre en poudre

Un muffin coloré qui associe le croquant de la pistache et l'acidité du citron.

- Préchauffez le four à 180 °C (th. 6).
- Faites fondre le beurre dans une petite casserole, puis réservez.
- Beurrez très légèrement le moule à muffins pour faciliter le démoulage ou garnissez chaque alvéole d'une caissette en papier.
- Hachez les pistaches avec 10 g de sucre. Conservez l'équivalent de 1 cuillerée à café pour la décoration.
- Dans un saladier ou dans le bol d'un robot, blanchissez le sucre avec l'œuf, jusqu'à l'obtention d'une texture légère et mousseuse. Incorporez la farine et la levure chimique, puis versez le yaourt et le beurre fondu pour assouplir la pâte. Mélangez afin d'obtenir une pâte lisse et homogène, puis ajoutez les pistaches, le jus et le zeste du citron.
- À l'aide d'une cuillère, remplissez les moules au tiers, déposez 1 cuillerée à café de lemon curd, puis recouvrez de pâte jusqu'aux deux tiers. Saupoudrez du reste de pistaches hachées.
- Enfournez pour 20 minutes, jusqu'à ce que les muffins soient bien gonflés, dorés à l'extérieur et cuits à l'intérieur. Vérifiez la cuisson avec la pointe d'un couteau : elle doit ressortir sèche.
- Sortez les muffins du four, laissez-les refroidir sur une grille, puis dégustez-les tièdes ou froids.

Si vous n'avez pas de pistaches, ce muffin se décline parfaitement en version tout citron.

Muffins déguisés en framboisiers

Ce délicieux gâteau américain se marie ici à la tradition française : une merveille !

Pour 6 muffins
Préparation : 1 heure
Cuisson : 45 minutes
Réfrigération : 2 heures

200 g de framboises fraîches ou surgelées + 6 framboises pour le décor
6 petites feuilles de menthe pour le décor
1 œuf
60 g de beurre + un peu pour le moule (facultatif)
½ pot de yaourt nature
150 g de pâte d'amande rose ou verte
100 g de farine
½ sachet de levure chimique
75 g de sucre en poudre

- Préchauffez le four à 180 °C (th. 6).
- Faites fondre le beurre dans une petite casserole, puis réservez.
- Beurrez très légèrement le moule à muffins pour faciliter le démoulage ou garnissez chaque alvéole d'une caissette en papier.
- Dans un saladier, battez le sucre avec l'œuf, jusqu'à l'obtention d'une texture mousseuse. Incorporez la farine et la levure chimique, puis versez le yaourt et le beurre fondu pour assouplir la pâte. Mélangez afin d'obtenir une pâte homogène.
- À l'aide d'une cuillère, remplissez les moules aux deux tiers, puis enfournez pour 20 minutes, jusqu'à ce que les muffins soient bien gonflés, dorés à l'extérieur et cuits à l'intérieur. Vérifiez la cuisson avec la pointe d'un couteau : elle doit ressortir sèche.
- Sortez les muffins du four et laissez-les refroidir sur une grille.
- Étalez la pâte d'amande sur 3 mm d'épaisseur. À l'aide d'un cercle, découpez des ronds de même diamètre que les muffins. Réservez.
- Préparez la crème mousseline (voir p. 63) et conservez-la au frais.
- Coupez les muffins en deux (la base doit représenter les deux tiers). Recouvrez la base du muffin de crème mousseline, garnissez de framboises, tout particulièrement sur les bords et au centre, ajoutez de la crème pour combler les espaces vides, lissez au couteau.
- Égalisez légèrement le chapeau de l'autre moitié du muffin, pour obtenir une surface plane. Posez la partie haute du muffin par-dessus. Décorez avec un rond de pâte d'amande, déposez une framboise et une feuille de menthe. Conservez au frais pendant 2 heures avant de servir.

Muffins aux figues, au magret et aux pignons

Pour 6 muffins
Préparation : 10 minutes
Cuisson : 20 minutes

110 g de magret de canard fumé
1 œuf
60 g de beurre + un peu pour le moule (facultatif)
½ pot de yaourt nature
120 g de figues sèches
10 g de pignons
100 g de farine
½ sachet de levure chimique
Sel et poivre

Une délicieuse recette inspirée du Sud-Ouest, qui allie harmonieusement sucré et salé.

- Préchauffez le four à 180 °C (th. 6).
- Faites fondre le beurre dans une petite casserole, puis réservez.
- Beurrez très légèrement le moule à muffins pour faciliter le démoulage ou garnissez chaque alvéole d'une caissette en papier.
- Après avoir retiré le gras, hachez le magret. Coupez les figues en petits dés et réservez.
- Dans un saladier ou dans le bol d'un robot, mélangez l'œuf, la farine et la levure chimique. Versez le yaourt et le beurre fondu pour assouplir la pâte. Ajoutez le magret haché et les dés de figues, salez et poivrez, puis mélangez afin d'obtenir une pâte lisse et homogène.
- À l'aide d'une cuillère, remplissez les moules aux deux tiers. Décorez de quelques pignons.
- Enfournez pour 20 minutes, jusqu'à ce que les muffins soient bien gonflés, dorés à l'extérieur et cuits à l'intérieur. Vérifiez la cuisson avec la pointe d'un couteau : elle doit ressortir sèche.
- Sortez les muffins du four, puis dégustez-les bien chauds.

Délicieux à l'apéritif, ces muffins peuvent être réalisés en version mini.

Muffins bretons au sarrasin, à l'andouille et à l'oignon

Pour 6 muffins
Préparation : 10 minutes
Cuisson : 25 minutes

120 g d'andouille de Guémené
1 oignon doux
1 œuf
5 cl de lait
15 g de beurre doux + un peu pour le moule (facultatif)
70 g de beurre demi-sel
1 cuill. à soupe de crème liquide
½ pot de yaourt nature
100 g de farine de sarrasin
1 sachet de levure chimique
Sel et poivre

Injustement appelé farine de blé noir, le sarrasin n'est pas une céréale. Cette plante donne une farine grise au goût de noix, idéale pour les personnes allergiques au gluten.

- Préchauffez le four à 180 °C (th. 6).

- Faites fondre le beurre demi-sel dans une petite casserole, puis réservez.

- Beurrez très légèrement le moule à muffins pour faciliter le démoulage ou garnissez chaque alvéole d'une caissette en papier.

- Taillez l'andouille en petits dés. Épluchez l'oignon et hachez-le. Dans une poêle, faites fondre le beurre doux, puis faites revenir l'oignon à feu doux pendant 3 à 4 minutes, sans qu'il colore.

- Dans un saladier ou dans le bol d'un robot, battez l'œuf avec le yaourt et la crème liquide. Versez la farine et la levure, puis délayez avec le lait et le beurre demi-sel fondu. Mélangez jusqu'à l'obtention d'une pâte lisse et homogène, salez et poivrez, puis incorporez délicatement les dés d'andouille et l'oignon.

- À l'aide d'une cuillère, remplissez les moules aux deux tiers.

- Enfournez pour 20 minutes, jusqu'à ce que les muffins soient bien gonflés, dorés à l'extérieur et cuits à l'intérieur. Vérifiez la cuisson avec la pointe d'un couteau : elle doit ressortir sèche.

- Sortez les muffins du four, puis dégustez-les chauds ou tièdes avec un verre de cidre.

Selon la qualité de la farine de sarrasin, vous ajouterez un peu de lait pour assouplir la pâte.

Pour une touche sucrée et acidulée, ajoutez quelques dés de pommes, revenus au préalable dans un peu de beurre.

Muffins comme une pizza

Pour 6 muffins
Préparation : 10 minutes
Cuisson : 20 minutes

150 g de jambon de Parme
150 g de mozzarella râpée
12 tomates cerises
6 olives noires
2 œufs
10 cl de lait
Beurre pour le moule (facultatif)
1 cuill. à café de basilic ou d'origan séché
80 g de farine
½ sachet de levure chimique
5 cl d'huile d'olive
Sel et poivre

Tomates cerises, mozzarella, olives... pour un muffin aux allures de pizza. Une recette qui devrait plaire à toute la famille !

- Préchauffez le four à 180 °C (th. 6).

- Beurrez très légèrement le moule à muffins pour faciliter le démoulage ou garnissez chaque alvéole d'une caissette en papier.

- Hachez le jambon de Parme et réservez.

- Détaillez 6 tomates cerises en dés, puis coupez les autres en deux. Réservez le tout dans deux bols différents.

- Dans un saladier ou dans le bol d'un robot, battez les œufs avec le lait et l'huile d'olive. Versez la farine et la levure, salez et poivrez, puis mélangez jusqu'à l'obtention d'une pâte lisse et homogène. Ajoutez 110 g de mozzarella râpée, le jambon, les herbes séchées et les dés de tomates cerises.

- À l'aide d'une cuillère, remplissez les moules aux deux tiers.

- Disposez sur le dessus de chaque muffin 2 moitiés de tomate cerise, saupoudrez du reste de mozzarella râpée et décorez d'une olive.

- Enfournez pour 20 minutes, jusqu'à ce que les muffins soient bien gonflés, dorés à l'extérieur et cuits à l'intérieur. Vérifiez la cuisson avec la pointe d'un couteau : elle doit ressortir sèche.

- Sortez les muffins du four, puis dégustez-les chauds ou tièdes.

Muffins façon carrot cake et crème au citron

Pour 6 muffins
Préparation : 20 minutes
Cuisson : 20 minutes

200 g de carottes
Le zeste râpé et le jus de ½ orange
2 œufs
50 g de beurre mou + un peu pour le moule (facultatif)
30 g de noix de pécan ou de noix hachées
30 g de poudre d'amandes
½ cuill. à café de cannelle
½ cuill. à café de noix de muscade
¼ de cuill. à café de gingembre en poudre
40 g de farine
½ cuill. à café de levure chimique
95 g de vergeoise brune ou blonde

Pour la crème

Le zeste râpé et le jus de 1 citron vert
50 g de crème fraîche épaisse
50 g de mascarpone
30 g de sucre glace

Une recette qui nous vient tout droit des cuisines du château de Windsor. L'association de la carotte sucrée et épicée et de la crème au citron est un pur moment de bonheur.

- Préchauffez le four à 180 °C (th. 6).

- Beurrez très légèrement le moule à muffins pour faciliter le démoulage ou garnissez chaque alvéole d'une caissette en papier.

- Épluchez, lavez et râpez les carottes.

- Dans un saladier ou dans le bol d'un robot, mélangez le beurre mou et la vergeoise jusqu'à l'obtention d'une crème lisse. Incorporez au fur et à mesure les œufs entiers, un par un, le jus d'orange, le zeste, les épices, la poudre d'amandes, les noix hachées, la farine, la levure et les carottes râpées, en mélangeant régulièrement.

- À l'aide d'une cuillère, remplissez les moules aux deux tiers.

- Enfournez pour 20 minutes, jusqu'à ce que les muffins soient bien gonflés, dorés à l'extérieur et cuits à l'intérieur. Vérifiez la cuisson avec la pointe d'un couteau : elle doit ressortir sèche.

- Pendant ce temps, préparez la crème. Mélangez dans un saladier le mascarpone, la crème fraîche, le sucre glace, ainsi que le zeste et le jus de citron. Réservez au frais.

- Sortez-les muffins du four, laissez-les refroidir sur une grille, puis dégustez-les tièdes ou froids, accompagnés de la crème au citron vert.

Muffins Oreo®

Pour 6 muffins
Préparation : 10 minutes
Cuisson : 20 minutes

- 1 œuf
- 60 g de beurre + un peu pour le moule (facultatif)
- ½ pot de yaourt nature
- 6 Oreo®
- 100 g de farine
- ½ sachet de levure chimique
- 75 g de sucre en poudre

Tout juste sorti de l'avion en provenance des États-Unis, essayé et adopté lors d'un summer camp américain, ce muffin Oreo® cache une base croquante sous une pâte moelleuse.

- Préchauffez le four à 180 °C (th. 6).
- Faites fondre le beurre dans une petite casserole, puis réservez.
- Beurrez très légèrement le moule à muffins pour faciliter le démoulage ou garnissez chaque alvéole d'une caissette en papier.
- Dans un saladier ou dans le bol d'un robot, blanchissez le sucre avec l'œuf, jusqu'à l'obtention d'une texture légère et mousseuse. Incorporez la farine et la levure chimique, puis versez le yaourt et le beurre fondu pour assouplir la pâte. Mélangez afin d'obtenir une pâte lisse et homogène.
- Déposez 1 Oreo® au fond de chaque alvéole, puis, à l'aide d'une cuillère, remplissez les moules aux deux tiers.
- Enfournez pour 20 minutes, jusqu'à ce que les muffins soient bien gonflés, dorés à l'extérieur et cuits à l'intérieur. Vérifiez la cuisson avec la pointe d'un couteau : elle doit ressortir sèche.
- Sortez les muffins du four, laissez-les refroidir sur une grille, puis dégustez-les tièdes ou froids.

Muffins aux Daim®

Pour 6 muffins
Préparation : 10 minutes
Cuisson : 20 minutes

1 œuf
60 g de beurre + un peu pour le moule (facultatif)
½ pot de yaourt nature
30 bonbons Daim®
100 g de farine
½ sachet de levure chimique
70 g de sucre en poudre

Une recette inventée par les enfants ? Peut-être… En tout cas, on veut bien les aider à déguster ces muffins terriblement régressifs !

- Préchauffez le four à 180 °C (th. 6).

- Faites fondre le beurre dans une petite casserole, puis réservez.

- Beurrez très légèrement le moule à muffins pour faciliter le démoulage ou garnissez chaque alvéole d'une caissette en papier.

- Dans le bol d'un robot ou au couteau, concassez 24 Daim®.

- Dans un saladier ou dans le bol d'un robot, battez le sucre avec l'œuf, jusqu'à l'obtention d'une texture légère et mousseuse. Incorporez la farine et la levure chimique, puis versez le yaourt et le beurre fondu pour assouplir la pâte. Mélangez afin d'obtenir une pâte lisse et homogène, puis ajoutez les brisures de Daim®.

- À l'aide d'une cuillère, remplissez les moules aux deux tiers.

- Enfournez pour 20 minutes, jusqu'à ce que les muffins soient bien gonflés, dorés à l'extérieur et cuits à l'intérieur. Vérifiez la cuisson avec la pointe d'un couteau : elle doit ressortir sèche.

- Sortez les muffins du four, décorez-les chacun d'un Daim® et dégustez chauds, tièdes ou froids.

Si vous aimez les muffins très sucrés, ajoutez 80 g de caramel au beurre salé dans la pâte pour en renforcer le goût.

Muffins cappuccino

Vous prendrez bien un muffin avec votre expresso ? Cette recette s'adresse à tous les adeptes du café.

Pour 6 muffins
Préparation : 10 minutes
Cuisson : 20 minutes

1 œuf
60 g de beurre + un peu pour le moule (facultatif)
½ pot de yaourt nature
4 cuill. à café d'extrait de café
100 g de farine
½ sachet de levure chimique
75 g de sucre en poudre
1 cuill. à café de cacao en poudre

Pour la crème
20 cl de crème liquide
1 cuill. à café de mascarpone
1 cuill. à café de sucre en poudre

- Préchauffez le four à 180 °C (th. 6).

- Faites fondre le beurre dans une petite casserole, puis réservez.

- Beurrez très légèrement le moule à muffins pour faciliter le démoulage ou garnissez chaque alvéole d'une caissette en papier.

- Dans un saladier ou dans le bol d'un robot, battez le sucre avec l'œuf, jusqu'à l'obtention d'une texture légère et mousseuse. Incorporez la farine et la levure chimique, puis versez le yaourt, le beurre fondu et l'extrait de café pour assouplir la pâte. Mélangez afin d'obtenir une pâte lisse et homogène.

- À l'aide d'une cuillère, remplissez les moules aux deux tiers.

- Enfournez pour 20 minutes, jusqu'à ce que les muffins soient bien gonflés, dorés à l'extérieur et cuits à l'intérieur. Vérifiez la cuisson avec la pointe d'un couteau : elle doit ressortir sèche.

- Pendant ce temps, montez la crème liquide en chantilly, puis ajoutez le mascarpone et le sucre pour donner de la consistance. Réservez au frais.

- Sortez les muffins du four, puis laissez-les refroidir sur une grille.

- Lorsqu'ils sont bien froids, coupez le haut des muffins, déposez une belle cuillerée de crème, recouvrez du chapeau et saupoudrez très légèrement de cacao en poudre. Dégustez en accompagnement de votre café.

Muffins aux speculoos et à la cannelle, glace aux Carambar®

Pour 6 muffins
Préparation : 10 minutes
Cuisson : 20 minutes

1 œuf
60 g de beurre + un peu pour le moule (facultatif)
½ pot de yaourt nature
150 g de pâte de speculoos (vendue en grande surface)
100 g de farine
½ sachet de levure chimique
75 g de sucre en poudre
1 pincée de cannelle

Très apprécié dans le Nord de la France, le speculoos offre des saveurs de cassonade et de cannelle. Un produit dérivé de ce célèbre biscuit, la pâte de speculoos, a fait son apparition dans les rayons des magasins alimentaires.

- Préchauffez le four à 180 °C (th. 6).

- Faites fondre le beurre dans une petite casserole, puis réservez.

- Beurrez très légèrement le moule à muffins pour faciliter le démoulage ou garnissez chaque alvéole d'une caissette en papier.

- Dans un saladier ou dans le bol d'un robot, battez le sucre avec l'œuf, jusqu'à l'obtention d'une texture légère et mousseuse. Incorporez la farine et la levure chimique, puis versez le yaourt, le beurre fondu et la pâte de speculoos. Mélangez afin d'obtenir une pâte lisse et homogène.

- À l'aide d'une cuillère, remplissez les moules aux deux tiers.

- Enfournez pour 20 minutes, jusqu'à ce que les muffins soient bien gonflés, dorés à l'extérieur et cuits à l'intérieur. Vérifiez la cuisson avec la pointe d'un couteau : elle doit ressortir sèche.

- Sortez les muffins du four, laissez-les refroidir sur une grille, puis saupoudrez de cannelle. Dégustez-les tièdes ou froids, accompagnés de glace aux Carambar® (voir p. 63).

Muffins Suzette

Pour 6 muffins
Préparation : 10 minutes
Cuisson : 20 minutes

Le zeste et le jus de 1 orange
Le zeste et le jus de 1 citron
1 œuf
60 g de beurre + un peu pour le moule (facultatif)
½ pot de yaourt nature
12 cl de Grand Marnier®
3 cuill. à soupe de confiture d'agrumes (facultatif)
100 g de farine
½ sachet de levure chimique
75 g de sucre en poudre

Vous connaissez la crêpe Suzette ? Ce muffin, parfumé au citron, à l'orange et au Grand Marnier®, s'en inspire largement. Exclusivement réservé aux adultes !

- Préchauffez le four à 180 °C (th. 6).
- Faites fondre le beurre dans une petite casserole, puis réservez.
- Beurrez très légèrement le moule à muffins pour faciliter le démoulage ou garnissez chaque alvéole d'une caissette en papier.
- Dans un saladier ou dans le bol d'un robot, battez le sucre avec l'œuf, jusqu'à l'obtention d'une texture légère et mousseuse. Incorporez la farine et la levure chimique, puis versez le yaourt et le beurre fondu pour assouplir la pâte. Ajoutez le Grand Marnier®, ainsi que les zestes et les jus de l'orange et du citron, puis mélangez afin d'obtenir une pâte lisse et homogène.
- À l'aide d'une cuillère, remplissez les moules aux deux tiers.
- Enfournez pour 20 minutes, jusqu'à ce que les muffins soient bien gonflés, dorés à l'extérieur et cuits à l'intérieur. Vérifiez la cuisson avec la pointe d'un couteau : elle doit ressortir sèche.
- Sortez-les muffins du four, laissez-les refroidir sur une grille, puis dégustez-les tièdes ou froids, accompagnés de confiture d'agrumes si vous le souhaitez.

Vous pouvez également faire chauffer 15 cl de Grand Marnier® et flamber les muffins au moment de la dégustation. Spectacle assuré !

Muffins cœur coulant à la fraise

Pour 6 muffins
Préparation : 40 minutes
Cuisson : 30 à 35 minutes

1 œuf
60 g de beurre + un peu pour le moule (facultatif)
½ pot de yaourt nature
100 g de farine
½ sachet de levure chimique
75 g de sucre en poudre

Pour le confit de fraises

400 g de fraises + 6 petites fraises pour le décor
60 g de sucre en poudre
60 g de Vitpris®
2 feuilles de gélatine

Un cœur de fraise fait maison. Ce muffin sera du plus bel effet pour un goûter estival.

- Préparez le confit de fraises : faites ramollir les feuilles de gélatine dans un bol d'eau froide. Lavez et équeutez les fraises, puis détaillez-les en petits cubes. Faites-les cuire dans une casserole à feu doux avec le sucre, puis versez le Vitpris® et laissez cuire pendant 10 à 15 minutes. Au terme de la cuisson, ajoutez la gélatine trempée. Réservez au frais afin que le confit soit bien froid.

- Préchauffez le four à 180 °C (th. 6).

- Faites fondre le beurre dans une petite casserole, puis réservez.

- Beurrez très légèrement le moule à muffins pour faciliter le démoulage ou garnissez chaque alvéole d'une caissette en papier.

- Dans un saladier ou dans le bol d'un robot, battez le sucre avec l'œuf, jusqu'à l'obtention d'une texture légère et mousseuse. Incorporez la farine et la levure chimique, puis versez le yaourt et le beurre fondu pour assouplir la pâte. Mélangez afin d'obtenir une pâte lisse et homogène.

- À l'aide d'une cuillère, remplissez les moules au tiers, déposez une belle cuillerée à café de confit de fraises, puis recouvrez de pâte jusqu'aux deux tiers du moule.

- Enfournez pour 20 minutes, jusqu'à ce que les muffins soient bien gonflés, dorés à l'extérieur et cuits à l'intérieur. Vérifiez la cuisson avec la pointe d'un couteau : elle doit ressortir sèche.

- Sortez les muffins du four et laissez-les refroidir sur une grille. Décorez d'une fraise fraîche, puis dégustez.

Sur les mêmes bases, remplacez les fraises par des framboises ou des cerises.

LES PETITS + GOURMANDS

Conseils de préparation des muffins

- Vous pouvez utiliser n'importe quel yaourt nature brassé ou fermier. Le yaourt au lait de vache peut être remplacé par un yaourt au lait de brebis ou au lait de chèvre. En revanche, évitez les produits allégés, qui ne donnent pas la même consistance.
- Vous obtiendrez une pâte plus aérienne et plus légère si vous prenez le temps de mélanger les œufs et le sucre pour les blanchir. Si vous ne le faites pas, la recette sera réussie, mais le muffin sera légèrement plus dense.
- Il est préférable d'utiliser des petites caissettes, que vous déposerez dans les alvéoles de votre moule. Ainsi vous ne rencontrerez aucune difficulté pour les démouler. Les gâteaux seront également plus faciles à conserver, et la présentation sera plus jolie.
- Les muffins sont tout aussi délicieux chauds, tièdes ou froids, et ils se conservent facilement 24 heures si vous les réalisez à l'avance.
- Plus il y a de garniture dans un muffin, plus elle occupe de place dans le moule. Prenez garde lorsque vous versez la pâte à ne pas faire déborder votre petit gâteau.

Recette de base de muffins salés sans yaourt

Pour 6 muffins

Ingrédients : 2 œufs, 10 cl de lait, 30 g de beurre doux, 70 g de farine, ½ sachet de levure chimique, sel et poivre

- Préchauffez le four à 180 °C (th. 6).
- Faites tiédir le lait et fondre le beurre dans deux casseroles différentes.
- Dans un saladier, mélangez les œufs avec la farine et la levure chimique. Versez progressivement le lait, puis le beurre fondu, salez et poivrez. Mélangez afin d'obtenir une pâte lisse et homogène.
- Ajoutez les ingrédients de votre choix.

Muffins sans matière grasse

Pour 6 muffins

Ingrédients : 1 œuf, 125 ml de lait végétal, 30 ml de compote de pomme non sucrée (4 cuill. à soupe), 40 g de flocons d'avoine, 6 dattes en morceaux, 6 figues sèches coupées en dés, 1 cuill. à soupe de raisins secs, 35 g de farine complète, 25 g de farine blanche bio, ½ sachet de levure chimique, ½ cuill. à café de sel

- Préchauffez le four à 180 °C (th. 6).
- Faites gonfler les flocons d'avoine dans le lait pendant 15 minutes.
- Mélangez l'œuf avec la compote, puis ajoutez les flocons d'avoine.
- Incorporez les farines avec la levure et le sel, puis ajoutez les fruits secs.
- Remplissez les moules aux deux tiers, puis enfournez pour 20 minutes.

Crème mousseline

Pour 12 muffins

Ingrédients : 2 œufs, 25 cl de lait, 125 g de beurre, 2 cuill. à café de kirsch, 1 gousse de vanille, 15 g de farine, 15 g de Maïzena®, 40 g de sucre en poudre

- Dans un saladier, blanchissez les œufs avec le sucre, puis incorporez la farine et la Maïzena® et mélangez.
- Amenez le lait à ébullition, après y avoir mis la gousse de vanille coupée en deux et préalablement grattée, versez-le doucement sur la préparation précédente en remuant à l'aide d'un fouet. Transvasez dans la casserole du lait et faites cuire à feu doux pendant 2 ou 3 minutes en remuant sans cesse avec un petit fouet et en faisant attention à ce que la crème n'attache pas et ne fasse pas de grumeaux au fond de la casserole.
- Débarrassez la crème dans un saladier, retirez la gousse de vanille, parfumez avec le kirsch. Ajoutez la moitié du beurre dans la crème chaude et fouettez énergiquement. Étirez un film alimentaire au contact de la crème pour éviter la formation d'une peau.
- Laissez refroidir la crème, puis incorporez-y le reste du beurre à l'aide d'un batteur-mixeur. Réservez au frais.

Lemon curd

Ingrédients : 10 cl de jus de citron, le zeste de 2 citrons non traités, 4 œufs, 100 g de beurre, 150 g de sucre en poudre

- Lavez les citrons, râpez-les en prenant garde de ne pas râper la chair blanche qui est amère, puis pressez-les.
- Dans une casserole, versez le jus de citron, le zeste, le sucre, les œufs et le beurre coupé en petits morceaux.
- À feu très doux, fouettez votre mélange jusqu'à ce qu'il épaississe (environ 15 minutes), puis versez-le dans un pot en verre.
- Laissez refroidir, couvrez et conservez au réfrigérateur.

Glace aux Carambar®

Ingrédients : 20 cl de crème liquide, 15 Carambar®, 1 pincée de cannelle

- Dans une casserole, faites fondre les Carambar® à feu doux avec la crème liquide et la cannelle.
- Faites prendre la glace dans une turbine ou dans un moule au congélateur.
- Servez en accompagnement des muffins aux speculoos

Index des recettes

Mini-muffins chic aux cèpes parfumés à la truffe	30
Muffins bretons au sarrasin, à l'andouille et aux oignons	45
Muffins cappuccino	54
Muffins au chocolat blanc et aux framboises	17
Muffins au citron, aux pistaches et au lemon curd	38
Muffins comme une pizza	46
Muffins cœur coulant à la fraise	61
Muffins aux Daim®	53
Muffins déguisés en framboisier	41
Muffins façon carrot cake et crème au citron	49
Muffins aux figues, au magret et aux pignons	42
Muffins au foie gras	26
Muffins au jambon d'Auvergne, cœur coulant de Saint-Nectaire	6
Muffins à la crème et aux herbes	9
Muffins à la tomme de Savoie et aux noisettes	10
Muffins marbrés chocolat-vanille	25
Muffins aux myrtilles	14
Muffins au mascarpone et aux fruits rouges	37
Muffins Oreo®	50
Muffins aux pépites de chocolat	13
Muffins pralinés au Nutella®	22
Muffins aux pralines roses	18
Muffins au rhum et chantilly en verrine	33
Muffins au sirop d'érable et aux noix de pécan	21
Muffins aux speculoos et à la cannelle, glace aux Carambar®	57
Muffins Suzette	58
Muffins au thé vert	34
Muffins aux œufs de poissons	29

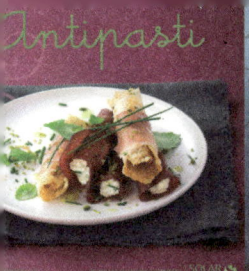 Antipasti
 Gratins
 Crumbles
 Wok
 Œufs cocotte

 Sushis
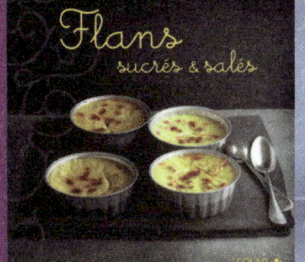 Flans sucrés & salés
 Yaourts

Dans la collection

NOUVELLES VARIATIONS GOURMANDES

 Verrines express
 Lasagnes
 Cakes
 Hamburgers
 Madeleines

 Crêpes
 Gaspachos
 Moelleux sucrés & salés
 Cuillères apéritives
Financiers

 Tajines
 Smoothies
 Espumas & petites mousses
 Panna cotta
 SOLAR EDITIONS